语文课本里的科学素养

主编　陈诚

蒲公英去旅行

湖南电子音像出版社
·长沙·

图书在版编目（CIP）数据

蒲公英去旅行 / 陈诚主编 . -- 长沙：湖南电子音像出版社 , 2023.9（2024.5 重印）
（语文课本里的科学素养）
ISBN 978-7-83004-488-6

Ⅰ．①蒲… Ⅱ．①陈… Ⅲ．①阅读课—小学—教学参考资料 Ⅳ．① G624.233

中国国家版本馆 CIP 数据核字 (2023) 第 171069 号

蒲公英去旅行
PUGONGYING QU LÜXING

主　　编：陈　诚
出 版 人：黄永华
责任编辑：刘德华　傅　蓉　朱　懿
美术设计：唐　茜
出　　版：湖南电子音像出版社
印　　刷：永清县晔盛亚胶印有限公司
发　　行：河南省新华书店
开　　本：710mm×1000mm　1/16
印　　张：7
字　　数：50 千字
版　　次：2023 年 9 月第 1 版
印　　次：2024 年 5 月第 2 次印刷
书　　号：ISBN 978-7-83004-488-6
定　　价：28.00 元

如有印装质量问题，请与生产服务中心调换。
联系电话：0731-82228602

声明： 在本书编写过程中，个别选文未能联系到作者，敬请原作者看到本书后及时和我们联系，以便我们按国家规定支付稿酬并赠送样书。
联系人：陈老师 18670089796

 # 小故事，大科学

　　科学与文学的精彩碰撞，既能培养文学思维，又能激发探索科学世界的精神。在语文课本中，已经介绍过不少的科学文章。回想课文，相信小读者在读到《小壁虎借尾巴》时，也想和小伙伴们一起找到各种动物尾巴的秘密；读到《太空生活趣事多》时，也希望有一天自己能探索太空；读到《跨越百年的美丽》时，内心会受到科学家们科学精神的撼动。

　　其实，不仅仅是这些科学文章，语文课本中还含有许许多多的科学因素。《语文课本里的科学素养》（小学版）这套书秉承科学与文学相融、理性与人文相生的理念，紧贴新课标，涵盖自然、天文、地理、环保等多门学科，采用跨学科的视角，将课内所学知识延伸至课外，构架起课内与课外的桥梁，带领读者从小故事中探究大科学原理。

　　在呈现形式上，本书用儿童的眼光看世界，以日常化和故事化的表达方式，用富有想象力的构思来讲述

理性的科学，让科普阅读更具有感染力。在这里，小读者将与小兔乖乖、小猴皮皮、小熊奔奔等好朋友一起，去奇幻的月光森林、辽阔的阳光草原甚至神秘的大海探险。这些好朋友会用自己的故事告诉小读者们：彩虹是如何形成的？风从哪里来？大雁为什么要排队飞行？……每篇故事都配有精心绘制的大量贴合人物形象、契合故事情节的精美插图，为富有意蕴的文字增添趣味。同时，故事中的优美词语以彩色字标出，可以有效地增加小读者的词汇量，为写作打下语言基础。

　　在栏目设计上，本书课文之后的"课本联通"栏目，带领学生回到语文课本，从课文中捕捉和发现科学因子；"科学进阶"栏目对应科学故事，系统化讲解科学知识，强化科学思维，助小读者们一窥科学世界；"灵光乍现"栏目将对科学知识的获取化为主动探究，引导小读者们思考更多相关的科学知识，锻炼发散思维。

　　期望这套丛书能用天马行空的趣味科学故事，为小读者提供探索世界的宏大视角，也希望这套书能够让小读者用积极探索的心态去关注身边的事物，唤起其对自然和生命的热爱，从而爱上阅读，爱上科学。

编　者

目录

- 蒲公英去旅行 …… 1
- 小苍耳历险记 …… 7
- 幸亏狮子爱睡觉 …… 15
- 河马的绝技 …… 22
- 桂花不香了 …… 28
- 孔雀锦鸡是伙伴 …… 34
- 花儿们的聚会 …… 39
- 大象是个『邋遢鬼』 …… 45
- 小花猪请客 …… 51

- 瀑布探险之旅 ～～ 57
- 小猴子变成石头了 ～～ 63
- 哈密瓜的故事 ～～ 73
- 抓「奸细」～～ 78
- 煤油和灯芯 ～～ 83
- 奇妙的植物王国 ～～ 88
- 雾妖精和雾精灵 ～～ 93
- 晚霞之城 ～～ 101

蒲公英去旅行

明媚的阳光照耀在草地上,蒲公英在阳光的照耀和土地的滋润下开出一朵又一朵绒花。突然,一阵风吹来,小蒲公英感觉自己变得轻飘飘的,像是飞了起来。

看着妈妈离自己越来越远,小蒲公英意识到自己是真的飞起来了,她着急地喊道:"妈妈,快拉住我!快!"

蒲公英妈妈只是微笑着说:"别怕,孩子,你要去找你以后的家了。"

小蒲公英很伤心,但是她也只好**依依不舍**地同妈妈告别,踏上新的旅途。

"风姑娘,我们去哪里呀?"小蒲公英问。

"第一站是田野,你看看喜不喜欢。"不一会儿,风姑娘就把小蒲公英带到了田野上空。

"真漂亮啊!"小蒲公英感慨道。田野里的麦子一望无

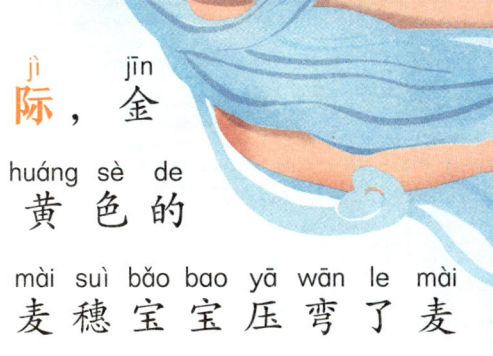

际,金黄色的麦穗宝宝压弯了麦秆妈妈的头。

但小蒲公英还想看看别的地方,于是,风姑娘带着她来到了森林上空。

"哇!森林里有好多小动物啊,有草虫在村落里窸窸窣窣地讲话,有甲虫音乐家**全神贯注**地振动着翅膀,还有小兔子、小刺猬……"小蒲公英**情不自禁**感叹道。

"小家伙,你想留在森林吗?"风姑娘问。

"风姐姐,我还能再去其他地方看看吗?"小蒲公英还是没留下。

最后,风姑娘带着小蒲公英来到了湖边。清澈见底的湖水,如明镜一般。风姑娘的到来让它泛起了一道道波纹。各种小鱼儿在湖水中跳着舞,溅起一朵朵水花,好像在讲述自己快乐的心情。小蒲公英一下子就被这里吸引住了,激动地对风姑娘说:"风姐姐,你把我放到这儿

吧，我想在这儿**安家落户**。"

"好。小家伙，风姐姐只能陪你到这里啦，以后就要靠你自己了。"风姑娘温柔地摸了摸小蒲公英的小脑袋说。

"谢谢风姐姐，请你告诉我的妈妈我可以照顾好自己的。拜托了！"小蒲公英诚恳地请求说。

"好的，小家伙，以后有什么话风姐姐也可以帮你传达。"风姑娘说。

于是，小蒲公英告别了风姐姐，结束了这场旅行……

课本联通

蒲公英妈妈准备了降落伞,
把它送给自己的娃娃。
只要有风轻轻吹过,
孩子们就乘着风纷纷出发。

义务教育教科书语文二年级节选

科学进阶

蒲公英可以在风中飞行超过一公里的距离。为什么它能飞这么远呢?这主要归功于蒲公英顶部的"分离的涡环"。蒲公英种子上的冠毛形成的环形气泡构成了这种特殊的结构,当蒲公英下落时,它会像降落伞一样帮助其减缓下降速度。当空气流过这个环形气泡时,气泡的结构会使蒲公英变得更稳定,而种子纤毛的特定间距可以调节气流,也有助于其保持飞行稳定。

灵光乍现

科学家根据蒲公英的特征发明了降落伞,你还知道哪些植物的特征为科学发明提供了灵感吗?

 小苍耳历险记

小蒲公英跟着风姑娘去旅行了,小苍耳羡慕极了,于是,苍耳弟弟对妈妈说:"妈妈,小蒲公英去旅行了,我也想出去旅行!"

"孩子,我们没有像蒲公英一样的小降落伞,你暂时还不能跟风姑娘去旅行。"苍耳妈妈说。苍耳弟弟被拒绝后,失望地低着头。

"嘘,我知道有别的方法,过几

天，我们一起去探险！"苍耳哥哥说。

"真的吗？我们怎么——"还没等苍耳弟弟说完，他就感觉到被什么东西用力扯了一下。原来他被一只小兔子沾到了身上。小苍耳突然明白了，这就是哥哥说的方法。

"小兔，我们这是要去哪啊？"小苍耳问。

"我们去参加小熊的生日会哟！"小兔回答。小苍耳开心极了，心想，终于可以像小蒲公英一样出门历险了！

他们在阳光下奔跑着,又在森林中穿梭着,终于来到了生日会的现场。小刺猬、小马、小鹿……好多小伙伴都来了!小苍耳太开心了。这时小兔突然在树上蹭了一下。不巧,小苍耳就掉了下来,落在了树下的草丛里。

"小兔子!我掉下来了,你快看看我呀!"小苍耳急得大喊了起来。

小兔子和大家正在为小熊唱生日歌,根本没有听到小苍耳说话。

等到生日会结束,都没有小动物发现他的存在。他

看了看周围,全是杂草,小苍耳特别害怕,害怕他的历险就这么**莫名其妙**地结束了。

这时,小熊从草丛边经过,轻轻蹭了一下草丛,就把小苍耳带走了。小苍耳问:"小熊,你去哪里啊?"小熊没有听见,因为小苍耳在小熊的尾巴上。

一路上,小熊穿过了一层又一层树林,最后在一棵**高耸入云**的古树前停了下来,然后背靠着古树睡着了。休息了一会儿,他伸了个懒腰起身离开时,把小苍耳给蹭掉了。小苍耳急坏了，心想，这地方如此偏僻，哪还会有小动物经过呢。

小苍耳试图对着空旷的森林大喊："有谁在吗？有谁在吗？"然而只听见自己的回声响起。他就这么躺了很久很久，还是没有被发现。小苍耳彻底绝望了，于是，他**闷闷不乐**地睡了过去。

等到小苍耳醒来时，他发现自己

变得轻飘飘的，低头一看，啊，风姑娘竟然载着他飞起来了。原来他们苍耳也可以乘风旅行。

"风姑娘，我们去哪呀？"小苍耳轻轻地在风姑娘耳边问。

"到了你就知道了。"风姑娘**神秘秘**地笑着。

不一会儿，风姑娘就把小苍耳带到了一个非常美丽的地方。这里有着**连绵起伏**的大山，**飞流直下**的大瀑布。小苍耳被眼前的景色深深震撼到了，立即决定在这里安家。

课本联通

苍耳妈妈有个好办法，

她给孩子穿上带刺的铠甲。

只要挂住动物的皮毛，

孩子们就能去田野、山洼。

义务教育教科书语文二年级节选

科学进阶

植物界有很多植物的种子都是靠风力传播到其他地方的，如蒲公英、杨树和柳树等。而像苍耳等植物，一般认为是靠动物或人类来传播，但实际上苍耳也可以依靠风力传播。苍耳种子后期足够成熟以后重量会变轻，掉落后可以依靠风力传播到其他地方。

灵光乍现

你还知道植物其他的传播种子的方式吗？它们为什么会这样传播呢？

幸亏狮子爱睡觉

一天，小羚羊正在草原上吃着鲜嫩的小草，一头狮子突然窜了出来。小羚羊就要被抓住时，附近的斑马对小羚羊喊道："快跑！狮子在后面！"

小羚羊听见后，吓得撒腿就跑。然而狮子紧跟其后，完全没有要停下来的意思。

斑马见眼前情况紧急，只能先冲出去对狮子

说:"你这个坏家伙,只知道欺负小动物,有本事来追我呀!"

狮子被激怒了,掉头朝着斑马追来。

狮子的速度如闪电一般,眼看着斑马要被追上的时候,小羚羊突然想到,自己也可以像斑马一样激怒狮子,让他又来追自己,起码能拖延一会儿。于是,小羚羊朝狮子**挑衅**地喊道:"大狮子,笨狮子,我的肉可比斑马肉鲜嫩多了,来追我呀!"

"不知死活的小崽子,你完了!"

大狮子被激怒后又掉头来追小羚羊。

小羚羊边跑边冲斑马眨眼睛,斑马瞬间明白了。这是要"遛狮子"

呀！等小羚羊累了，斑马又出来挑衅，引狮子来追自己。几个回合下来，还怕这狮子不累趴吗？果然，狮子停了下来，躺在地上睡着了。

但是他们也不明白这**穷追不舍**的狮子怎么这么快就睡着了。不过，他们也没时间多想，火速离开了。

天快黑了，他们才走到了羚羊族大本营的门口。领头羊大叔一看见小羚羊，就赶紧跑过来说："怎么现在才回来？你爸爸妈妈都快急死了。"

dà shū wǒ jīn tiān zài wài miàn chī cǎo shí chà
“大叔，我今天在外面吃草时差

diǎn bèi shī zi zhuā zhù le shì bān mǎ yòng xiāo hào shī zi
点被狮子抓住了，是斑马用消耗狮子

tǐ lì de jì móu jiù le wǒ xiǎo líng yáng jiě shì shuō
体力的计谋救了我。”小羚羊解释说。

yuán lái shì zhè yàng xiè xie nǐ xiǎo bān mǎ
“原来是这样，谢谢你，小斑马！”

líng yáng dà shū chéng kěn de shuō
羚羊大叔诚恳地说。

dà shū méi shén me de bú guò wǒ men
“大叔，没什么的。不过，我们

táo pǎo shí fā xiàn shī zi zhuī zhe zhuī zhe jiù shuì zháo le
逃跑时，发现狮子追着追着就睡着了，

zhè shì wèi shén me ne bān mǎ chèn jī wèn
这是为什么呢？”斑马趁机问。

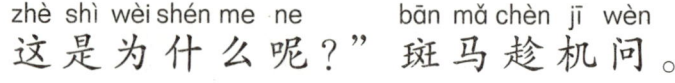

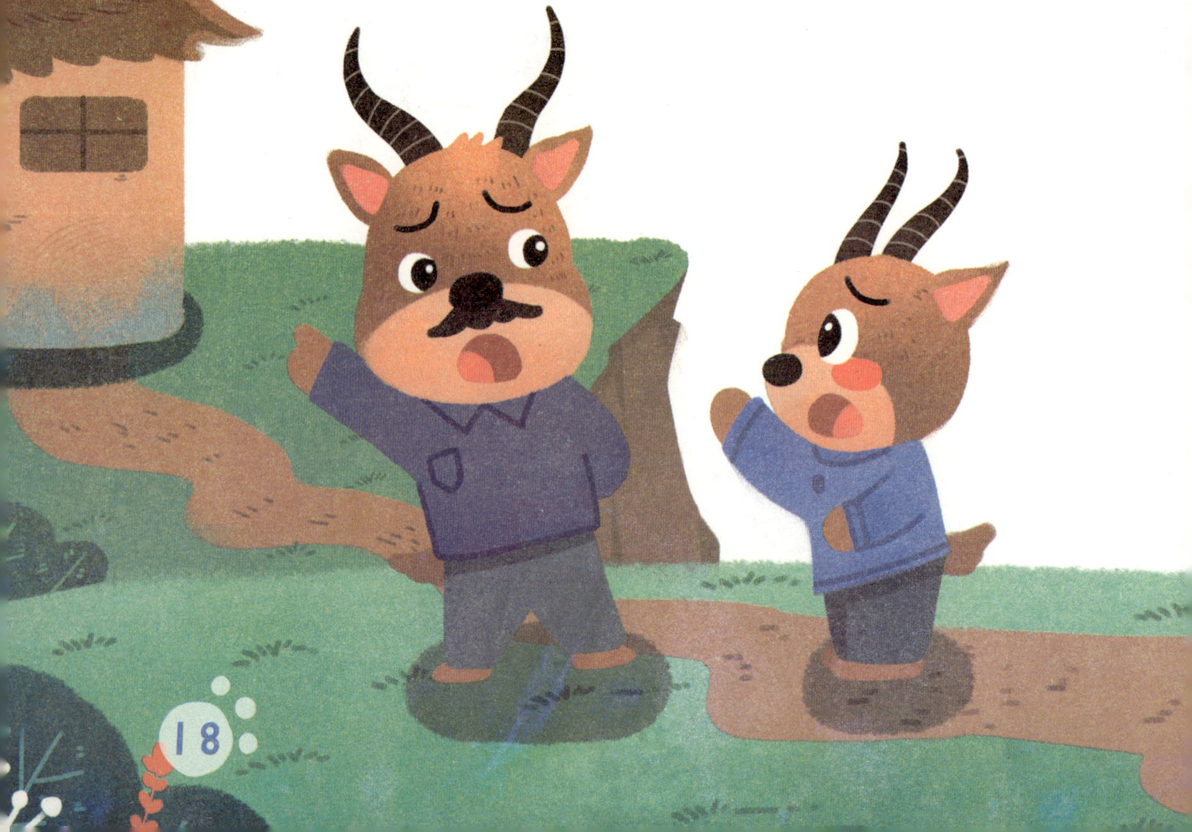

领头羊大叔笑着说:"你们两个小鬼消耗他这么久,他肯定扛不住呀,雄狮一天可是要睡将近20个小时。"

"20个小时?这么久?为什么啊?"斑马和小羚羊异口同声地说。

"这是因为狮子的生活环境非常炎热,经常缺水,所以他们采用这种方式来降低能量消耗。尤其是旱季来临时,猎物稀少,他们常处于饥饿的状态,因此,通过增加睡眠、减少活动来保持体力尤为重要。"领头羊大叔说。

"那雌狮呢?"斑马追问。

"雌狮通常每天睡15~18个小时。"

"原来是这样,幸亏狮子爱睡觉。"小羚羊惊魂未定地感慨道。

"也是,动物都有自己独特的睡觉习惯。就像我们斑马都是站着睡觉,而且睡觉时间还很短。"斑马说。

"是啊,我们也是站着睡的。假如我们趴着睡觉,野兽来袭,逃命时还得花时间从地上站起来,太晚了。"领头羊大叔感慨地说。

 **课本联通**

狮子大王住在炎热的非洲。

夏天来了,狮子大王不停地叫着:"热啊,热啊。"河马说:"听说在南极有一种很冷很冷的东西,叫作冰。"

义务教育教科书语文二年级节选

科学进阶

据研究,雄狮通常每天睡18~20个小时,雌狮通常每天睡15~18个小时。雌狮睡觉之所以比较少,是因为雌狮会花时间狩猎和照顾幼崽。因为狮子生活的环境非常炎热,而且经常面临缺水的问题,所以它们会通过睡觉来降低能量的消耗,尤其是旱季来临时,猎物稀少,它们经常处于饥饿的状态,所以,增加睡眠、减少活动变得尤为重要。

灵光乍现

你还知道哪些动物睡觉的秘密?它们为什么会用这样的方式睡觉呢?

河马的绝技

森林里正在举行"绝技表演"大赛，谁的绝技最特别，就能获得"森林特别代言人"的称号和奖品。小动物们纷纷报名参加。

小河马也报名了，但他并不奢望能拿奖，因为他不清楚自己有什么特技。河马爸爸鼓励他说："一定有的！"

"好吧，我再想想。"小河马**垂头丧气**地说。

可是他连着想了好几天，也没想出来。最后，小河马**崩溃**了，坐在大树底下放声大哭了起来。小鸟看见了，急忙说："别哭，别哭，每个小动物都有自己的特长。我看你嘴巴很大，要不你就跟我学唱歌吧。"小河马**转悲为喜**，跟着小鸟学起了唱歌。可他的大嗓门把路过的小松鼠震得都捂起了耳朵。

小松鼠抱着脑袋说："别唱了，真难听！"

小河马难过得哇哇大哭。小河马**无精打采**地回到河边，*自言自语*道："唉，比赛那天可怎么办啊！"

"傻小子，我们能在水里睡觉就是绝技啊！"河马爸爸走过来笑着说。

"睡觉算什么绝技？"小河马委屈地说，他以为爸爸拿自己寻开心呢。

"我们河马是陆地上第三大的哺乳动物，虽然是半水生的，可我们不会游泳，却在水里睡觉，这还不算绝技吗？"河马爸爸得意地说。

"真的啊？那我岂不是只用展示我的睡觉技能了？"小河马瞬间笑了。

终于，到了比赛这天，小河马非

常自然地展示了自己能在水中睡觉的技能。

最后，小河马、小孔雀等都获得了"特别代言人"的称号。小河马高兴极了，热情地对大家说："以后有不会游泳的小伙伴想过河都可以找我，我整天都在河边，随时都可以送大家过河！"

小河马回到家后，立马在河边设了一个服务站，并挂了一块牌子，上面写着：免费渡河。

 **课本联通**

狮子大王住在炎热的非洲。

夏天来了,狮子大王不停地叫着:"热啊,热啊。"河马说:"听说在南极有一种很冷很冷的东西,叫作冰。"

义务教育教科书语文二年级节选

 科学进阶

河马是陆地上第三大的哺乳动物,但是它们晚上的大多数时候会选择在水下度过。河马呼吸一次就可以在水下停留5分钟,5分钟之后,河马就必须要浮出水面换气,所以整个晚上河马都在水中上上下下,但是在这个过程中,河马一直都是睡着的状态!

灵光乍现

河马是很有特点的动物,不仅能在水里睡觉,还跑得比人快,你还知道它有哪些神奇的特点吗?

桂花不香了

月光森林是小动物们幸福生活的乐园,也是各种树木恣意生长的乐土。梧桐、木棉、桂树、银杏等在这片茂盛的森林里竞相向上。

小鹿露露和小羊琳琳是非常要好的小伙伴,她们每天奔跑在大榕树下,穿梭在杨树林中,她们唱歌、跳舞。

初秋的下午,风和日丽,露露约琳琳一起出去玩。她们在森林的小路上尽情地玩耍着。突然,她们发现了一棵开满小花的桂花树,但奇怪的是,桂花的香气却很淡,仔细一看花的颜色也很淡。

"琳琳,这桂花为什么没有一点儿香气啊?真奇怪。"露露转头说。

"对啊,我印象中桂花的香气可是很浓郁的,而且颜色也是金灿灿的。

这棵桂花树不会生病了吧?"琳琳说。

"那怎么办?"露露满脸焦急。

"可是我也不太懂,要不我们去向牛叔叔求助吧!他是森林林长,一定知道怎么救桂花树。"琳琳提议说。

"好。"露露回答说。

于是,露露和琳琳向牛叔叔家跑去。牛叔叔一开门便看到露露和琳琳喘着粗气说:"不好了,牛叔叔,森林里的桂花树好像生病了,一点也不香了,颜色还不太对劲。"

"先别急,慢慢地说。"牛叔叔温柔地说。

"牛叔叔你还是跟我们跑一趟吧,不然来不及救桂花树了。"琳琳说。

随即,他们一起来到了桂花树下。

牛叔叔围着桂花树转了好几圈,仔细检查后说:"没什么问题呢!"

"那桂花为什么不香呢?"

露露不明白。

"因为品种不同呀,这是四季桂,只有淡淡的香味,你说的应该是金桂,金桂是桂花品种里最香

的。"牛叔叔说。

"所以这个花瓣的颜色这么浅也是因为品种不同吗?"琳琳问。

"是的,桂花根据叶子的宽窄、花香浓淡、花色、开花季节、有无结果等基本特征分为四大类,9~10月上旬开花的为金桂、银桂、丹桂;四季桂开花时间最长,全年几乎有300天都开花。"牛叔叔回答说。

"原来是这样,不过,四季桂开花的时间真长呀!"露露感慨道。

课本联通

木棉喜暖在南方,
桦树耐寒守北疆。
银杏水杉活化石,
金桂开花满院香。

义务教育教科书语文二年级节选

科学进阶

桂花是木樨科木樨属,常绿乔木或灌木树种,原产于中国亚热带地区。桂花为我国十大名花之一,在中国的栽培历史已有2 500多年。桂花根据叶子的宽窄、花香浓淡、花色、开花季节、花后有无结果等基本特征分为四大类,9~10月上旬开花的为金桂、银桂、丹桂;四季桂的开花时间最长,一年可开花四次。其中,四类桂花的花香由浓到淡的次序依次为:金桂、银桂、丹桂、四季桂。

灵光乍现

你还知道哪些四季开花的树呢?它们为什么能四季开花呢?

孔雀锦鸡是伙伴

一天,小孔雀飞到一条小河边准备喝水。看着水中的倒影,她**自言自语**道:"我的羽毛真漂亮。"这时,跑来一只锦鸡,插嘴说:"小孔雀啊,真自恋,我才是最漂亮的呢!"

孔雀说:"是啊!你也挺漂亮的。大家都有自己的优势,比如我会飞,你可能就不太会。"

锦鸡说:"你这话是什么意思!会飞有什么用啊?飞得越高就越累。"

孔雀说:"飞得高的确有好处呀,一低头就可以看到河流、森林……"

没等孔雀说完,锦鸡就打断说:"会飞了不起啊!"说完就往前走了。

突然,孔雀发现锦鸡旁边的树上盘踞着一条大蛇,正盯着锦鸡。孔雀急忙大喊:"锦鸡,小心旁边!"

"小心什么啊小心,我才不信

你。"锦鸡头也不回地往前走着。

就在大蛇要咬到锦鸡的时候,孔雀对着大蛇用力一啄,疼得大蛇掉头就跑。锦鸡这才反应过来,原来真的有大蛇,多亏了孔雀保护自己。

"孔雀,谢谢你**不计前嫌**地保护我。"锦鸡不好意思地说。

"没什么。"孔雀挠挠头说。

"我们以后可以当好伙伴吗?"锦鸡满脸期待地问。

"当然,说起来我们还是亲戚呢!我们都是禽类,又同属雉科,而且羽毛都这么好看,当然是好伙伴。"孔雀说。

"原来如此。"锦鸡高兴地说。

课本联通

你拍一，我拍一，
动物世界很新奇。

你拍二，我拍二，
孔雀锦鸡是伙伴。

义务教育教科书语文二年级节选

科学进阶

锦鸡是鸡形目雉科锦鸡属鸟类动物。锦鸡是白腹锦鸡、红腹锦鸡的统称，雄鸟的头顶、背、胸为金属翠绿色，羽冠紫红色；雌鸟上体及尾大部分为棕褐色，缀满黑斑。锦鸡因其体纹灿烂如锦得名。孔雀是鸡形目雉科孔雀属鸟类动物，为大型陆栖雉类，羽毛绚丽多彩，羽支细长，犹如金绿色丝绒，其末端还具有众多由紫、蓝、黄、红色等构成的大型眼状斑，开屏时反射着光彩。

灵光乍现

你还知道哪些有亲缘关系的动物吗？它们的相同点和不同点分别是什么呢？

花儿们的聚会

桃花通过春风传信给小熊,请他帮忙想办法让花姐妹们能同时团聚。小熊答应了,最近一直忙着想办法。

花园那边热闹极了,芙蓉花提议定在中秋节聚会,但是大家却说自己很难参加。牡丹说:"你是秋天开花的,可是我现在就开花了,到秋天就凋谢了!"

月季也说:"是呀,我们是夏天开花,也坚持不到中秋节。"

最后,小熊出来对花儿们说:"大家别苦恼了,我已经替大家找到办法了!"这时候,芍药还在睡大觉。

春姑娘说:"快醒醒!懒丫头,睡得够久了,该长出芽儿来啦!"小熊却不让芍药苏醒过来,而是把她放在一个冰冷冰冷的房间里。待在这里,就仿佛还待在冬天的花园里一样,冷得芍药只想睡觉。

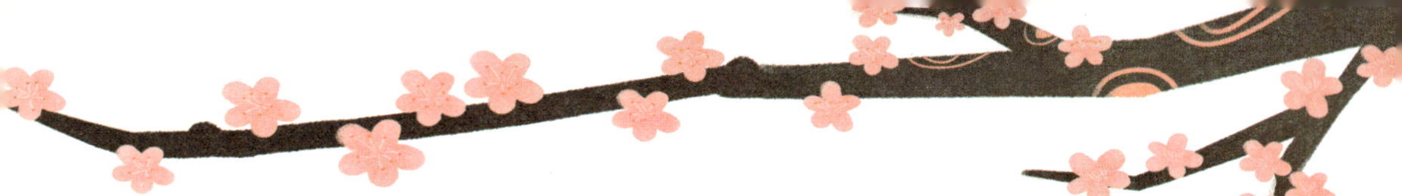

ér táo huā yǐ jīng kāi mǎn le zhī tóu dīng xiāng yě
而桃花已经开满了枝头，丁香也
kuài yào kāi huā le tā men jí le qǐ lái bù xiǎng quē
快要开花了。她们急了起来，不想缺
xí jù huì
席聚会。

xiǎo xióng ān wèi shuō dōu bié jí wǒ bǎo zhèng
小熊安慰说：“都别急，我保证
dà jiā dào shí hou dōu néng kāi chū měi měi de huā
大家到时候都能开出美美的花！”

guò le xiē shí hou xiǎo xióng bǎ sháo yao cóng lěng
过了些时候，小熊把芍药从冷
kù lǐ bān le chū lái yí shòu nuǎn sháo yao jiù xǐng
库里搬了出来，一受暖，芍药就醒
le tā mí mí hū hū de wèn xiàn zài shì shén me shí
了，她迷迷糊糊地问：“现在是什么时
hou a xiǎo xióng shuō chūn tiān yǐ jīng guò qù le tā
候啊？”小熊说春天已经过去了。她
dà chī yì jīng āi yā jīn nián wǒ hái méi kāi guò huā
大吃一惊：“哎呀，今年我还没开过花
ne dōu guò le jì jié zhè kě zěn me
呢！都过了季节，这可怎么
bàn ne
办呢？”

xiǎo xióng shuō
小熊说：

huā jiě mèi men yuē hǎo
“花姐妹们约好

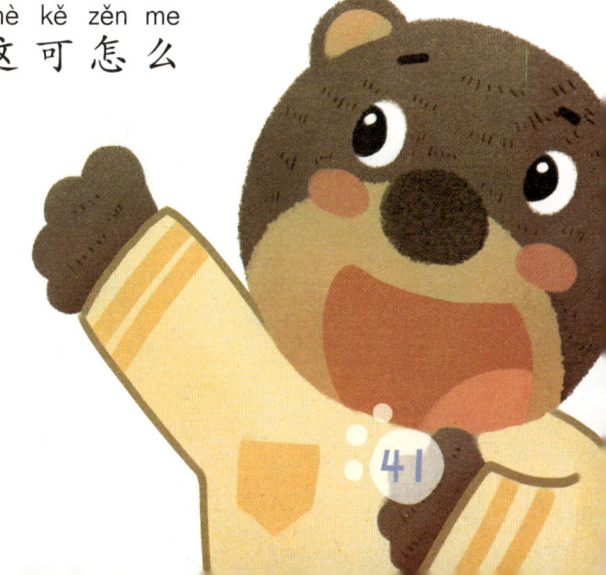

中秋一起开花,不着急!"说着他让桃花也去冷库睡觉,20天后才搬出来。

不久,桃花重新长了许多小芽儿、小花蕾。小熊把一些药水涂在了她的花蕾上。

桃花好奇地问:"这是什么呀?"

"赤霉素药水,刺激你生长的。"

果然,涂了几次后,桃花的花蕾便越长越大。水仙则每天都要照10个小时左右的阳光,其余时间都被双层

黑布遮住。她抱怨说:"小熊偏心!不让我好好睡觉,还给我蒙块大黑布。"

小熊解释说:"你是短日照植物,照够10个小时就得在黑暗里待着,不然没法提前开花啦!"

终于,在小熊的帮助下,花儿们在中秋节这天,都绽放出了最美的姿态。桃花、水仙、芍药、月季等花儿们开心地团聚在一起,热闹极了。大家纷纷对小熊表达了感谢。

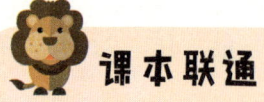 **课本联通**

正月山茶满盆开,
二月迎春初开放。
三月桃花红十里,
四月牡丹国色香。
五月石榴红似火,
六月荷花满池塘。

义务教育教科书语文二年级节选

 科学进阶

实践证明,可以通过改变花卉生长发育的环境来使花卉提前或推迟开花。影响花期的环境因素一般包括温度、湿度、水分、光照、激素等。修剪、摘叶等也有一定的辅助作用。促进开花的常用手段有涂赤霉素药水,赤霉素能刺激植物细胞分裂,促进细胞生长,从而使植物开花、结果。

 **灵光乍现**

你最喜欢什么花呢?它是什么时候开放的?

大象是个"邋遢鬼"

夏天来了，毒辣的太阳烤得整个大地都干裂了，森林也像大火炉一样。小动物们都躲在家里不出门，只有小猴子还在外面跳来跳去。

忽然，小猴子看见一只小象在泥浆中打滚，于是他对脏兮兮的小象说："你这个'邋遢鬼'，你看你弄得满身都是淤泥，你这样会生病的。"

小象**不紧不慢**

地说:"不会的,泥浆非常凉爽,你要不要一起来玩?"

小猴说:"谁要和你这个'邋遢鬼'一起啊!"说完,小猴便走了。

第二天,小象还是像往常一样在泥浆里面快乐地玩耍着。但不一样的是,突然多了许多小动物围观他,有的还对着他**指指点点**。小象**隐隐约约**听到:"这就是那个'邋遢鬼'呀,你看他……""是啊,小猴说的果然没错。"这些声音很刺耳,不过小象也不在意,继续在泥浆里打滚。

天这么热，在泥浆里凉快多了。

又过了几天，小猴因为中暑晕倒在路上，小象发现了他，于是赶忙把他送去了医院。小猴醒来时，看见脏兮兮的小象站在旁边，困惑了起来，心想：这个"邋遢鬼"怎么在这里？

这时，牛医生进来说："小猴子，你中暑了，多亏了你的小伙伴及时发现，把你送到了医院。"

小猴不明白为什么脏兮兮的小象没有中暑，问：

"那他怎么没中暑？"

牛医生说:"小象的皮肤和我们不一样,他的很厚,但汗腺很少,所以不太能散热。在水里或泥里打滚时,水分或泥土会附着在他的皮肤上,形成一层保护膜,可以抵挡紫外线的照射和散发热量,从而降低体温。"

听了牛医生的解释,小猴这才知道自己错怪了小象。小象不是不讲卫生,而是要保护自己。他连忙向小象道歉:"对不起,我没搞清楚事情就到处和别人说你是个'邋遢鬼',而你不但不生我的气还送我上医院,你真好。"

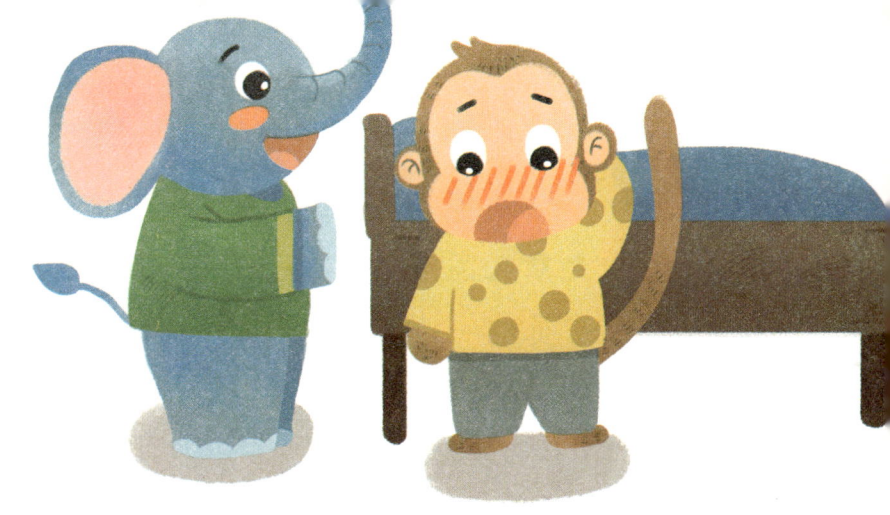

méi shì la nǐ yě shì bù zhī dào ma qí shí
“没事啦，你也是不知道嘛。其实

wǒ men xiàng zú jīng cháng zài ní jiāng lǐ xǐ zǎo yīn wèi
我们象族经常在泥浆里洗澡，因为

wǒ men de pí fū suī rán hòu dàn shì hěn mǐn gǎn rú guǒ
我们的皮肤虽然厚，但是很敏感。如果

pí fū gān liè huò shòu shāng jiù huì yǐn qǐ gǎn rǎn xiǎo
皮肤干裂或受伤，就会引起感染。”小

xiàng shuō
象说。

xiè xie nǐ wǒ qù hé dà jiā hǎo hǎo jiě shì
“谢谢你，我去和大家好好解释，

nǐ cái bú shì lā ta guǐ xiǎo hóu hóng zhe liǎn shuō
你才不是‘邋遢鬼’。”小猴红着脸说。

hā hā méi shì de dà jiā dōu shì hǎo huǒ
“哈哈，没事的，大家都是好伙

bàn tā men yě zhǐ shì bù zhī dào zhēn xiàng ér yǐ
伴，他们也只是不知道真相而已。”

xiǎo xiàng háo bú zài yì de shuō
小象毫不在意地说。

 **课本联通**

大象又高又大,身子像一堵墙,腿像四根柱子。官员们一边看一边议论:"这么大的象,到底有多重呢?"

义务教育教科书语文二年级节选

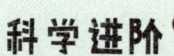 **科学进阶**

大象是最大的陆生动物,生活在热带和亚热带地区,经常面对高温和干燥的环境。为保持身体的湿润,大象会经常到水边或泥坑里泡澡,即泥浴。泥浴能帮大象调节体温,防止中暑。大象皮肤很厚,但汗腺很少,所以不能通过出汗来散热,而泥土附着在皮肤上形成的保护膜能反射阳光和散发热量,降低大象的体温。

 **灵光乍现**

你喜欢大象吗?说说你还知道哪些大象的有关知识。

小花猪请客

小狗和小马一同住在叮咚森林,和他们一起生活在这片乐园的还有小猴、小花猪、小猫等。

炎热的夏天来了,小动物们不愿意出门了,但是今天不一样,小花猪过生日请客吃饭,就算很热大家也还是要去。小马和小狗也去了。

小花猪说:"你们先坐,大餐很快

上桌！"但没一会儿，小狗就坐不住了，在房间里东跑西跑的。

突然，小马发现小狗张着大嘴，把舌头伸在外面。他心想：小狗怎么这么不懂礼貌！他急忙用手指了指嘴，示意小狗注意自己的嘴和舌头。

然而小狗跟没看见似的，继续**我行我素**，小马急了，又做了一次手势。小狗还是张着大嘴，伸着舌头，大口地喘着气，口水都从舌尖上滴到地板上了。这下可把小马气坏了，拉着小狗就出了屋，生气地说："你怎么这么馋呀！还没上菜呢，你的口水就流出来了,多不礼貌啊?"

小狗被教训了,也急眼了,生气地说:"我怎么就馋了?我在散热,如果我不把舌头伸出来,我就要热死了!"

"不伸舌头就会热死,你这话谁信啊?"小马轻蔑地说道。

小狗说:"我身上没有汗孔!"

"啊?没有汗孔怎么出汗呢?"小马一脸难以置信。

小狗说:"我的汗孔大部分都在舌头上,还有一点点在脚上。热的时候,我只能张开嘴伸出舌头,让汗水从舌头上流出来,所以我不是嘴馋才吐舌头,而且我的脚也在出汗。"小狗边说边抬脚,只见地上出现许多湿脚印。

"每个小动物的散热方式不一样,比如小白兔靠耳朵散热,牛大哥是靠皮肤和嘴巴、鼻子散热,小花猪是靠增加呼吸散热……"

"啊?原来是这样。"小马低下头说,"对不起,我刚刚不应该大呼小叫的。"

"开饭了,开饭了。"这时小花猪在屋里大声喊着。小马和小狗高高兴兴地手拉手,跑进屋里去了。

 **课本联通**

睡梦中的妈妈好累。妈妈的呼吸那么沉。她乌黑的头发粘在微微渗出汗珠的额头上。窗外，小鸟在唱着歌，风儿在树叶间散步，发出沙沙的响声，可是妈妈全听不到。她干了好多活儿，累了，乏了，她真该好好睡一觉。

义务教育教科书语文二年级节选

科学进阶

不同动物的汗腺所在的位置不同，有的动物甚至没有汗腺。有汗腺的动物及其汗腺所处的位置如下：大象、兔子、狐狸的汗腺在耳朵上；狼、狗的汗腺在舌头上；猫的分泌腺很少，但是它可以从身体表面将热散发出去。没有汗腺的动物有：鱼类、爬行类、鸟类、两栖类，狮子、老虎、猎豹等大部分哺乳类动物以及鸡、鸭。

 **灵光乍现**

出汗是人正常的生理现象，说说你还知道哪些人类的生理现象呢？

瀑布探险之旅

小松鼠灵灵一家生活在美丽的月光森林里。月光森林里最**引人注目**的是那座巨大的瀑布。灵灵一直很好奇瀑布是如何形成的,便央求爸爸带她去考察瀑布。最后,灵灵爸爸答应了。

第二天清晨,他们便踏上了探险之旅。他们穿过**层层叠叠**的森林,终于到达了目的地。这里的溪流非常湍急,会发出凶狠的咆哮声，它们汇聚在一起，形成了一座十分壮丽的瀑布。

灵灵看着奔涌的水流，不明白为什么平时温柔流动着的小溪，是怎么变得这么汹涌的。

"爸爸，瀑布为什么那么汹涌呀？小溪是怎么变成瀑布的呢？"灵灵问。

"瀑布是多方溪流汇聚在一处，流经断层、凹陷等地区时垂直从高空跌落的现象。而在跌落的过程中受到重力的作用后，它们会加速下落。"

"我知道了，因为会加

速下落,所以到达地面的时候冲击力才那么大,而且形成的水雾也和这个冲击力有关,对吗?"

"是的,反应真快,都能推导了。"

灵灵不好意思地脸红了,不过,她还是很好奇,又迫不及待追问:

"只是,为什么瀑布像是蒙上了一层薄纱呢?"

"瀑布前的雾气主要

有两种成因：一是由瀑布中由上而下的水遇到障碍后飞溅形成的小水滴组成。二是水形成小水滴后，表面积增大，表面能也就增大，而水滴相应的内能则减少，温度随之下降，加上瀑布周围的空气湿度本来就大，温度一降低，就会使空气中的水蒸气遇冷液化形成雾气。"

"哦。爸爸，你看！好漂亮啊，瀑布长彩虹了！"灵灵惊叹地说。

灵灵爸爸微笑着说："这是因为溪

流在下落的过程中，遇到了许多硬的岩石。水流撞击岩石，形成了很多弥漫的小水滴。而这些小水滴相当于三棱镜，具有分光作用。当它们被阳光照射后，白光就被分解成红、橙、黄、绿、青、蓝、紫，于是就呈现出彩虹的颜色了。"

"瀑布真神奇啊！"灵灵感慨道。

灵灵和爸爸就这样一边说，一边继续沿着溪流往前探险，欣赏着森林深处的奇伟瑰丽的景色。

课本联通

望庐山瀑布

[唐] 李白

日照香炉生紫烟，
遥看瀑布挂前川。
飞流直下三千尺，
疑是银河落九天。

义务教育教科书语文二年级节选

科学进阶

  瀑布是河水在流经断层、凹陷等地区时垂直地从高空跌落形成的一种现象。

  彩虹是一种大气光学现象，通常在雨后转晴时出现。瀑布中的水流经过剧烈冲击，会有大量小水滴产生，所以很容易形成彩虹。

灵光乍现

  除了彩虹，在日常生活中，你还知道哪些光学现象呢？

小猴子变成石头了

小松鼠和小猴子都是好奇宝宝。最近,他们约好一起去森林里找宝藏。

这天,小猴子按约定来到小松鼠家,看见小松鼠正在整理

他的大包小包。于是，小猴子疑惑地问："我们是去探险，又不是旅游，你带这么多东西干什么？"

"哎呀，我们要挖宝藏啊，挖宝藏就得有工具。"小松鼠念叨了起来。

"好了好了，别说了，我们快出发吧！"小猴子有些不耐烦地说。

他们爬了很多座山，经过了小溪、湖泊，终于来到森林的最深处，小松鼠被眼前的景象震撼了。周围都是**高耸入云**的千年古树。巨大的树枝**七扭八歪**地缠绕在树干

上，微风吹过，树叶**簌簌作响**，透出一阵阴森的气息。

"要不我们回去吧？万一有怪物呢！"小松鼠打起了退堂鼓。

"都到这里了怎么能回去呢？不是说好要找宝藏的吗？"小猴子说完，就往前走了。

"喂，等等我呀，别把我留在这里，我害怕。"小松鼠急忙拿着大包小包跟在小猴子后面。

但是小猴子走得太快了，小松鼠东西又多，没一会儿，他就迷路了。

周围一片寂静，总是传来奇怪的声

音,很像怪物的嚎叫。不知不觉间,他走到悬崖边,突然看见旁边不远处有一块奇怪的大石头,特别眼熟。他放下包袱,走近一看,那块石头,特别像……小猴子。完了完了,小猴子一定是被哪个怪物施法变成石头了,小松鼠越想越害怕。最后连包都没拿,撒腿就往回跑,他不停地跑啊跑,生怕怪物突然出现把他也变成石头。

小松鼠一直跑啊跑,突然撞到了一个软软的东西,抬头一看,发现是熊博士,这才松了一口气。小松鼠喘着粗气想说话,但还没说一个字就哭了起来。

"别哭啊,发生了什么,你慢慢地说。"熊博士安慰小松鼠道。

"博士,小猴子他……被怪物变成石头了。"小松鼠**眼泪汪汪**地说。

"变成石头?这是怎么回事?"

"我们约好一起去森林里寻宝藏,后来他往前走了,我没跟上,等到我发现他时,他就变成石头了。"小松鼠把**来龙去脉**仔细地告诉了熊博士。

"先带我去看

看吧。"熊博士说。

熊博士到现场一看,小松鼠的包还在,而不远处也确实有一块猴形大石头。熊博士仔细地摸了摸,又看了看,转头说:"小松鼠啊,这块岩石不是小猴子,而是在地质作用下形成的一块普通的岩石而已。"

小松鼠说:"可这明明就是小猴子的模样啊?"

"只是巧合而已,岩石既可以像

你，也可以像我。"熊博士说。

"那地质作用是什么呀？"

"地质作用就是指地球内部和地表之间的相互作用。这块**奇形怪状**的岩石是由于地壳的构造运动和侵蚀作用所形成的。"熊博士继续说着。

小松鼠听得**云里雾里**："我不太懂，什么是构造运动和侵蚀作用呢？"

熊博士继续说："构造运动是指地壳和岩石层之间的变形和移动，而侵蚀作用是水流长时间的冲刷和

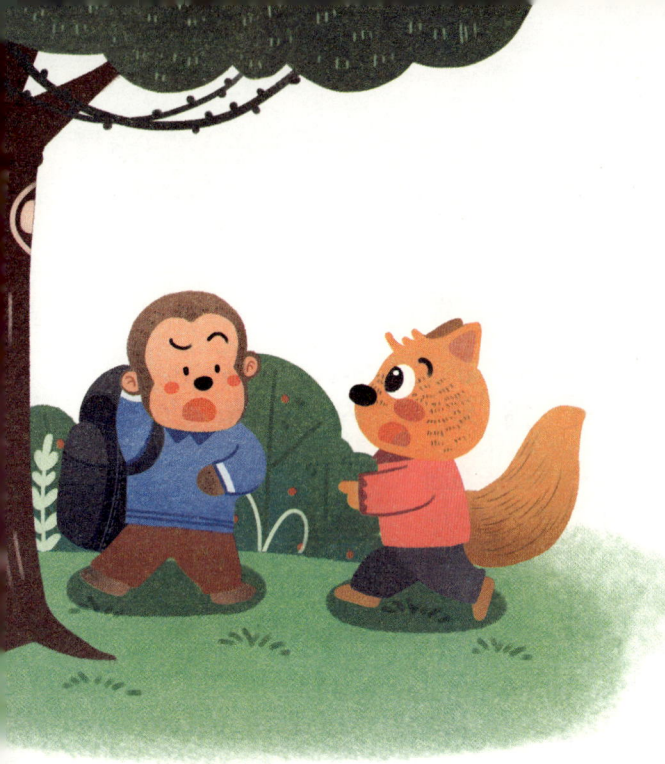

fēng de chuī shí suǒ zào
风的吹蚀所造
chéng de
成的。”

xiǎo sōng shǔ gǎn
小松鼠感
kǎi de shuō yuán lái
慨地说：“原来
dì zhì zuò yòng shì rú
地质作用是如
cǐ shén qí nà zhè
此神奇！那这
kuài yán shí
块岩石……”

hái méi děng xiǎo sōng shǔ shuō wán yí gè xiǎng liàng
还没等小松鼠说完，一个响亮
de shēng yīn cóng bèi hòu chuán lái
的声音从背后传来。

nǐ men zài zhè gàn shén me ne
“你们在这干什么呢？”

xiǎo sōng shǔ dìng jīng yí kàn jū rán shì xiǎo hóu
小松鼠定睛一看，居然是小猴
zi nǐ qù nǎ lǐ le wǒ hái yǐ wéi nǐ biàn chéng shí
子。“你去哪里了？我还以为你变成石
tou le xiǎo sōng shǔ tiào dào xiǎo hóu zi miàn qián dà
头了。”小松鼠跳到小猴子面前，大
shēng shuō
声说。

"什么变成石头！我怎么可能变成石头？"小猴子不明白小松鼠在说什么。

"你自己看，这块石头像不像你？"小松鼠指着石头说。

"哟，还真挺像的，但是再怎么样我也不可能变成石头呀，你真是魔法书看多了。"小猴子拍了拍小松鼠的脑袋说。

"嘿嘿，那你找到宝藏了吗？"小松鼠不好意思地说。

"我没找到宝藏，但是捡到了不少奇奇怪怪的东西……"

"给我看看。"

课本联通

在一座陡峭的山峰上,有一只"猴子"。它两只胳膊抱着腿,一动不动地蹲在山头,望着翻滚的云海。这就是有趣的"猴子观海"。

义务教育教科书语文二年级节选

科学进阶

岩石是矿物的集合体。根据其成因,可分为三类:岩浆岩是内力地质作用的产物,由地壳深处的岩浆沿地壳裂隙上升冷凝而成;沉积岩是在地表条件下母岩(岩浆岩、变质岩或早先形成的沉积岩)风化剥蚀的产物,经搬运、沉积和硬结等成岩作用而形成的岩石;变质岩是岩浆岩、沉积岩甚至是变质岩本身在地壳中受到高温、高压及活动性流体的影响而变质形成的岩石。裸露在自然界的奇形怪状的石头多是沉积岩经过地质作用的外力作用形成的。

灵光乍现

你知道日常生活中还有哪些神奇的地理现象吗?

哈密瓜的故事

小狮子淇淇的爸爸从新疆带回来几个哈密瓜,好吃极了。快睡觉的时候,淇淇还想吃。淇淇爸爸严肃地说:"很晚了,不能吃这么甜的水果了。"

"可是我真的很喜欢哈密瓜。"淇淇**意犹未尽**地说。

"爸爸给你讲个哈密瓜的故事怎么样?"淇淇爸爸想转移一下淇淇的注意力。

"好啊。"淇淇一听就来了兴趣。

"从前呢,哈密瓜并不叫哈密瓜,而是叫鄯善瓜。"

"为什么叫这个名字呢?"淇淇好奇地问。

"因为鄯善出产的这种瓜格外甜,出名后就以这个地方命名了。"

"然后呢?然后呢?"淇淇追问。

"哈密国国王品尝过一次鄯善瓜后便**难以自拔**,并且想要将这种水果送到康熙皇帝面前,请他亲自品尝一下。然而古代没有很好的保存水果的技术,加上交通不方便,

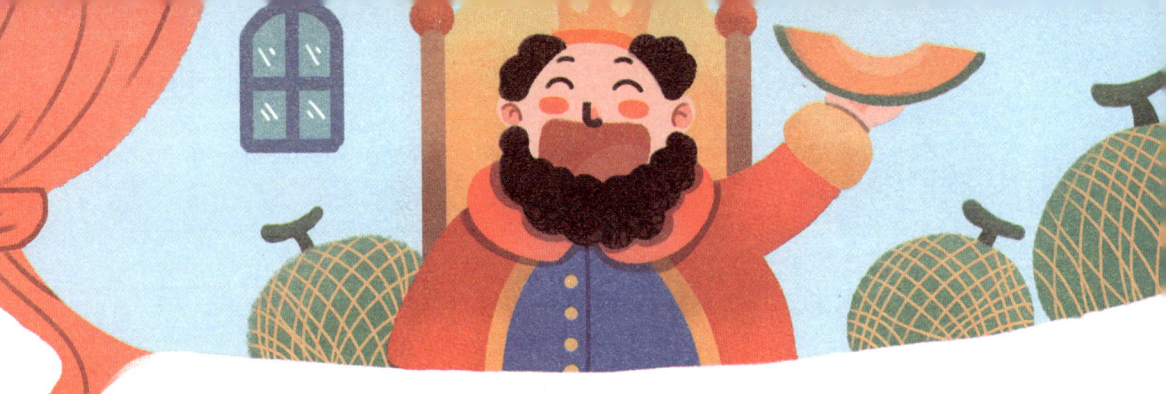

jí biàn qǐng rén kuài mǎ jiā biān de gǎn lù yě xū yào dà bàn
即便请人**快马加鞭**地赶路也需要大半

nián shí jiān ér zhè shí hou guā jī běn shàng yǐ jīng fǔ làn
年时间，而这时候瓜基本上已经腐烂

le yú shì guó wáng guǎng fàn zhēng qiú yì jiàn xī wàng
了。于是国王广泛征求意见，希望

dà jiā néng xiǎng chū hǎo de bǎo cún bàn fǎ
大家能想出好的保存办法。”

tā men zhǎo dào fāng fǎ le ma qí qi wèn
“他们找到方法了吗？”淇淇问。

zuì hòu yǒu rén jiàn yì bǎ guā miáo zhòng zài mǎ chē
“最后有人建议把瓜苗种在马车

lǐ yòng shàn shàn de tǔ péi yǎng děng dào dá jīng chéng
里，用鄯善的土培养。等到达京城

shí shàn shàn guā gāng hǎo chéng shú jiù néng dé dào xīn
时，鄯善瓜刚好成熟，就能得到新

xiān de shàn shàn guā le zhè ge fāng fǎ guǒ rán zòu xiào
鲜的鄯善瓜了。这个方法果然奏效。

kāng xī huáng dì zài pǐn cháng shàn shàn guā hòu gǎn dào shí fēn
康熙皇帝在品尝鄯善瓜后感到十分

kāi xīn biàn xún wèn zhè zhǒng guā jiào shén me méi rén dá
开心，便询问这种瓜叫什么，没人答

得上来。康熙皇帝想了想，便**脱口而出**'哈密瓜'。此后，人们便一直用'哈密瓜'来称呼'鄯善瓜'。"淇淇爸爸说。

"那哈密瓜为什么这么甜呢？我好像看到哈密瓜在我的眼前飘来飘去。"淇淇眼皮耷拉着**迷迷糊糊**地说。

"影响瓜果甜味的主要因素是糖分积累程度。哈密瓜喜欢充足的阳光和较大的昼夜温差，这种生长习惯使得哈密瓜的含糖量格外高……"淇淇爸爸解释着，低头一看，小狮子已经睡着了。

 **课本联通**

新疆吐鲁番有个地方叫葡萄沟，那里出产水果。五月有桑葚，六月有杏子、无花果，到了七月份，人们最喜爱的葡萄成熟了。

义务教育教科书语文二年级节选

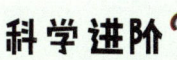**科学进阶**

哈密瓜主要产于我国新疆哈密和吐鲁番一带，这些地方夏季高温、雨水稀少、日照时间长、昼夜温差大，特别适合哈密瓜生长。白天，充足的阳光和较高的温度加大了哈密瓜光合作用的强度，提高了制造养分的速度，而这些养分会转化成糖分储存在果实里。同时，夜间较低的气温又大大减少了哈密瓜对养分的消耗，有利于糖分的积累，哈密瓜含糖量高，自然也就甜。

灵光乍现

全国各区域都有本地常种植的水果，你知道你所在地区有哪些代表性的水果吗？

抓"奸细"

红红是一只勤劳的七星瓢虫。他和伙伴们经常在花园里飞来飞去,为花朵传递花粉。

这天,红红来到花园,发现花朵的叶子上面爬满了讨厌的蚜虫。那些蚜虫正在吸食花朵的汁液。百合花一见到红红,就哭着说:"这些蚜虫一直吸食我的汁液,我很难受。"

红红安慰百合花说:"别担心,我

会帮助你解决这个问题的。"

红红迅速回到瓢虫大本营,将这件事一五一十地告诉了队长。队长一听,火速召集瓢虫队员前去帮助花朵们。红红建议不要直接对抗,而是引导蚜虫远离花朵。怎么引开这些蚜虫呢?大家都在思考。

这时,队长说:"有一种植物散发的香味,可以刺激蚜虫,让它们离开。"

于是,红红和队员就把这些植物移栽到了百合花周围。没多久,蚜虫们就离开了百合花。

但是,最后检查的时候,还是有一朵百合花被咬伤了。瓢

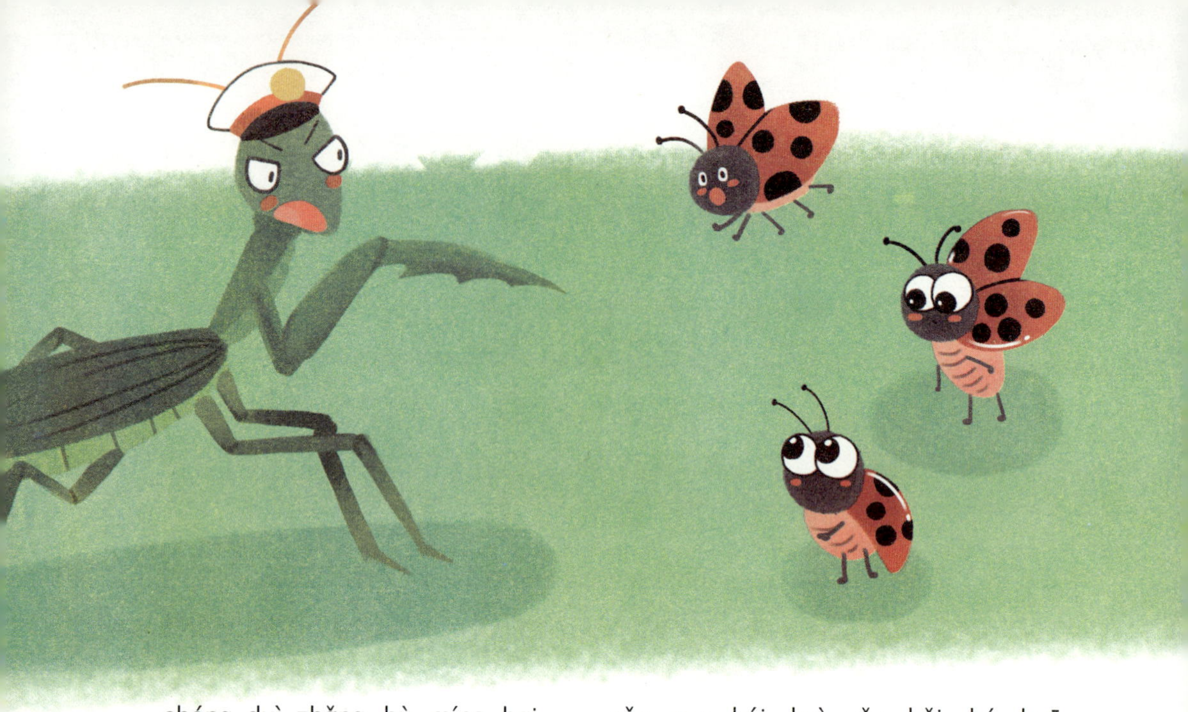

chóng duì zhǎng bù míng bai zěn me hái huì yǒu bǎi hé huā
虫队长不明白，怎么还会有百合花
shòu shāng nán dào wǒ men de duì wu lǐ miàn yǒu jiān xì
受伤，难道我们的队伍里面有奸细？

duì zhǎng duì zhe piáo chóng duì yuán men dà hǎn quán
队长对着瓢虫队员们大喊：“全
dōu bù xǔ dòng wǒ men de duì wu lǐ hùn jìn le jiān xì
都不许动。我们的队伍里混进了奸细，
yǒu yì duǒ xiǎo bǎi hé bèi yǎo shāng le
有一朵小百合被咬伤了。”

bú shì wǒ piáo chóng men zhēng xiān kǒng hòu de
“不是我！”瓢虫们**争先恐后**地
huí dá dào
回答道。

dōu bù xǔ dòng wǒ yǐ jīng bào jǐng le duì
“都不许动！我已经报警了。”队
zhǎng tí gāo yīn liàng hǎn dào bù yí huìr táng láng jǐng
长提高音量喊道。不一会儿，螳螂警

长赶到现场,认真地检查每一只瓢虫。就在这时,火眼金睛的螳螂警长说:"找到奸细了。"

"你怎么知道是他呢?"不明所以的红红问螳螂警长。

"数他背上的'星星'呀!七星和十三星的瓢虫专吃蚜虫,而十星和二十八星的瓢虫专吃菜叶、花朵。"螳螂警长说。

"原来是这样!"红红点了点头。

最终,大家齐心协力帮助百合花摆脱了蚜虫的侵害,那朵受伤的小百合也得到了大树医生的治疗。

 **课本联通**

一个邻居看见了,对他说:"你别光盯着葫芦了,叶子上生了蚜虫,快治一治吧!"那个人感到很奇怪,说:"什么?叶子上的虫还用治?我要的是葫芦。"

义务教育教科书语文二年级节选

科学进阶

瓢虫是小型昆虫,长得像半个圆球似的,它的脚很短,色彩鲜艳,背上有红色、黑色或黄色斑点。全世界有超过5 000种瓢虫,其中450种生活在北美洲。不同种类的瓢虫背上的斑点数目是不一样的。其中,七星和十三星瓢虫喜欢吃破坏庄稼的蚜虫,是益虫;十星和二十八星瓢虫喜欢吃植物的叶子,也就是我们所说的害虫。

灵光乍现

除了七星瓢虫,你还知道哪些保护庄稼和花朵的益虫?

煤油和灯芯

夏天是用电的高峰期,森林里每家每户的空调、风扇、冰箱都在运转。结果,森林电站负荷不过来,断电了。

小羊家也陷入了黑暗中。羊妈妈说:"怎么办,咱们没有备用蜡烛呀。"

这时,羊爸爸突然想起自己小时候的那盏煤油灯,对羊妈妈说:"没事,以前我爸爸的那盏灯好像还在,我去找找,兴许还能用。"

不一会儿,羊爸爸就端着一盏煤油灯过来了,黑暗的房间里一下就有了光。

时间随着煤油的燃烧而渐渐溜走,小羊一家也沉沉地睡了过去。夜深人静时,煤油和灯芯居然吵了起来。在吵什么呢?原来在比谁的功劳更大。

"我燃烧自己照亮主人一家,我能给主人带来光。"煤油骄傲地说。

听完煤油的吹嘘,灯芯不屑地说:

"你真搞笑,单凭你自己就能给主人带来光明吗?还不是也要靠我。"

"靠你?我自己就能点燃,靠你做什么?"煤油冷笑着说道。

"我看你也太不了解自己了吧。你能点燃的前提是四周的环境达到了你的闪点,否则凭你自己在日常的环境中是很难点燃的。"

"什么闪点?我怎么没听说过。"

"连闪点都不知道就开始吹牛了啊?"灯芯生气地瞥了煤油一眼说,"闪点是指可燃液体上方的蒸气能形

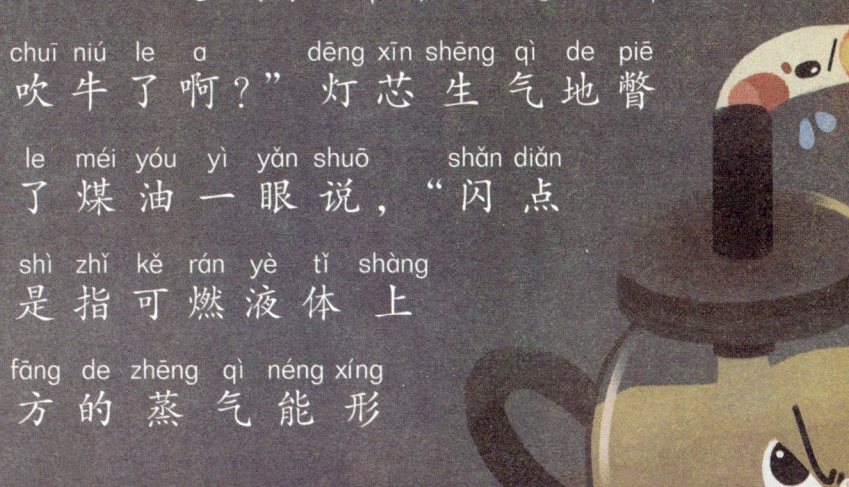

成燃烧混合物的最低温度。煤油的闪点在28～45摄氏度之间。而灯芯的作用就是帮你们达到这个闪点。"

"煤油挥发得慢,无法直接点燃,因为火焰外延最热的地方是向上的,它跟煤油的接触距离太远,使得煤油表面的温度很难达到着火点。而我们灯芯一般是布料做的,能吸收煤油,起到导油的作用,这使得点火时煤油可以与空气中的氧气充分接触,也就能燃烧起来了。"灯芯继续说着。

"好吧,那我们以后就一起为主人服务吧。"煤油听到灯芯的解释后点头说。

课本联通

　　这是个寒冬腊月的深夜,毛主席穿着单军衣,披着薄毯子,坐在竹椅上写文章。他右手握着笔,左手轻轻地拨了拨灯芯,灯光更加明亮了。凝视着这星星之火,毛主席在沉思,连毯子滑落下来也没有察觉到。

　　　　　　　　义务教育教科书语文二年级节选

科学进阶

　　闪点指液体上方的蒸气能形成燃烧混合物的最低温度。煤油的闪点在28～45摄氏度之间。闪点大于45摄氏度的可燃物体称为可燃物,如柴油、植物油等;闪点在22～45摄氏度之间的为易燃物,所以煤油属于易燃物;闪点在22摄氏度以下的为危险易燃物。

灵光乍现

　　防止火灾的发生是日常生活中需要重点关注的事情,你知道在火灾发生时有哪些自救的方法吗?

奇妙的植物王国

世界上的植物有各种各样的形态和特点，他们分布在王国的不同角落，过着**自由散漫**的生活。

国王为了方便管理，把所有植物分成了不同类别，范围从大到小，依次是：界、

门、纲、目、科、属、种。分类单位越大,共同特征就越少,包含的生物种类就越多。

花园、森林里住着一群属于不同科的植物小伙伴们,每个科都有一位科长负责照顾和指导他们。

先看花科,花科的伙伴们总是穿着**五彩斑斓**的衣服。她们分为单子叶和双子叶两个家族。单子叶的有郁金香、百合等,她们的子叶只有一片。而双子叶的有玫瑰、荷花等,她们的子叶呈现两片对称的形状。

但不是名字里带花的就

一定属于花科,比如凤凰花就是豆科凤凰木属植物。

再看杂草科,他们是植物界的顽皮小精灵,常在田野、路边疯狂生长。虽然没有鲜艳的衣服,但有着顽强的生命力。小草、蒲公英等都是杂草科的成员,他们通过风力传播种子,繁衍后代。

然后就是生活中常见的蕨类植物了。蕨类植物是植物界的古老生物,他们在恐龙时代就已经存在了。他们有着特殊的子叶结构,叫作蕨叶。子叶呈现羽状,像是一只只小手掌。代表有毛蕨、藤蕨等。

而苔藓植物则生长在湿润的地方，如树皮上、石头下等。苔藓植物没有根、茎和叶子的分化，虽然他们体型小，但能吸收湿气和营养，保护土壤不受侵蚀。比如青苔、地衣等。

最后是松柏科。他们是植物界的巨人，有着尖尖的叶子和坚硬的树干，能抵抗恶劣的环境。松树、柏树等都是松柏科的成员。

在这个奇妙的植物世界里，不同的植物有着不同的特点和功能，正是有了他们才构成了美丽多样的自然界。

 **课本联通**

火红火红的凤凰花开了,傣族人民一年一度的泼水节又到了。

1961年的泼水节,傣族人民特别高兴,因为敬爱的周恩来总理和他们一起过泼水节。

义务教育教科书语文二年级节选

科学进阶

生物分类的排列单位由大到小分别是界、门、纲、目、科、属、种。界是最大的分类单位,最基本的分类单位是种。分类单位越大,共同特征就越少,包含的生物种类就越多;分类单位越小,共同特征就越多,包含的生物种类就越少。分类便于科学研究和对比生物的生活习性,因为同种类生物都有相似性。

 **灵光乍现**

你还知道哪些植物属于哪些类别吗?

雾妖精和雾精灵

宁静的大湖中住着一群可爱的湖中生物。其中,最受欢迎的是一只叫水晶的小鱼,她是湖泊的守护者。

一天,水晶听说湖面上出现了一只调皮的雾妖精,就想会会她。于是,水晶领着一群小鱼游向湖面,只见一股轻柔的雾气从湖面升腾而起。小鱼们惊呆了,问水晶:"水晶姐姐,雾妖精怎么是从湖里出来的呀?"

水晶表示她也不知道。他们继续看向雾妖精，发现她变得更大了，而且跑到岸上了。

"你们看，雾妖精是不是要吞噬那些岸边的房屋了，感觉房子都快消失了。"小鱼们被吓得脸色乌青。

"水晶姐姐，我有点害怕，我想回家。"一只小鱼战战兢兢地说。

水晶只好叫小鱼们先回去，她倒要看看雾妖精要去干什么。于是，她朝湖边游了过去，只见那雾妖精不仅在城市里穿梭，还在森林里跑来跑去，不知道在干什么。

又过了一会儿，雾妖精居然不见

了，而太阳已经升了起来，岸边的房屋和树林都还在，她这才松了口气，掉头往回游。刚巧，回家路上撞见了乌龟爷爷。

"丫头，你从哪里来啊？一大早的就出去了。"乌龟爷爷问道。

"乌龟爷爷，我听说湖面上有个雾妖精，来看看，结果发现她不仅在湖面跑来跑去，还在城市里、森林里飘来飘去。这是怎么回事呀？"水晶问。

"哦，那个家伙啊，她跟你一样调皮，总是把别人藏起来，周围人都被她吓过，她没有什么恶意的。"乌龟爷爷摸着胡子笑呵呵地说。

"那她为什么这么调皮呢？我还以为她要吃我们呢。"水晶搞不明白。

"她怎么会把我们吃掉呢？她是水的孩子呀。"乌龟爷爷说，"湖水中的热量不断散发到空气中，使得湖面上的水蒸气增加。而这些水蒸气遇到早晨的冷空气时，就会凝结成小水滴，形成我们看到的雾，所以说雾是水的孩子也是可以的。"

"这样啊，那我之前怎么没有在湖面上见过

她呢?"水晶说。

"湖面上的雾的形成受到许多因素的影响。比如湖水的温度、湿度、风力等。当湖水温度较高,湿度较大,周围没有风的时候,雾就会比较浓厚。反之,则是稀薄,甚至没有。"

"我懂了。要我说,她叫'雾精灵'才对。她在湖面上跳动着轻盈的舞步,看起来梦幻极了。"水晶说。

"爷爷,那我去跟小鱼们解释,雾妖精没什么可怕的,哦不,是雾精灵。"水晶飞快地游走了。

又是一个早晨,水晶领着小伙伴们游到了湖的另一边。这里有一座小山,山上生长着茂密的树林,还飘着一团团白色的雾,形成了一幅梦幻般的画。

水晶指着山上的雾告诉小伙伴们:"这些山上的雾叫作山雾,也是雾精灵的伙伴。同样是由大气中的水蒸气冷却凝结而成的。"

"好美啊,我现在一点也不害怕雾精灵了。"一只小鱼开心地说着。

 **课本联通**

从前有一片雾,他是个淘气的孩子。

有一天,雾飞到海上。

"我要把大海藏起来。"于是,他把大海藏了起来。

义务教育教科书语文二年级节选

科学进阶

雾气并不是河水或者湖水蒸发形成的水蒸气,而是水蒸气液化过后的水滴。生活中看到的白气、白雾都是液态的小水滴,而不是水蒸气。如冬天人呼出的白气是人呼出气体中的水蒸气遇冷液化成的小水滴;烧开水冒出的白气是汽化的水蒸气离开壶嘴后遇冷液化成的小水滴;夏天冰棍冒出的白气是冰棍周围的空气中的水蒸气遇冷液化形成的小水滴。

 **灵光乍现**

液化是生活中非常常见的一种物理现象,你还知道其他的常见的物理现象吗?

晚霞之城

美丽的天空之城里,勇敢的太阳和可爱的彩云是一对**形影不离**的好伙伴。太阳每天都照亮着大地,为万物提供光明和温暖,而彩云则帮助天空画出美丽的晚霞。

然而,彩云一直都很疑惑自己为什么能画出美丽的晚霞。当她把这个困惑告诉太阳后,太阳决定带她一起去探索晚霞形成的奥秘。他们从天

空之城的法师那里得知晚霞之城会有答案。

于是,太阳和彩云来到了晚霞之城。一到这里,他们就被眼前**五光十色**的房屋和美丽的花园吸引住了。城里住着一群可爱的小精灵,他们是晚霞守护者。彩云向小精灵打听:"小精灵你们好,我想问问,晚霞是怎么形成的呢?"

为首的小精灵说:"这个问题在晚霞之城可不算什么秘密,晚霞就是太阳的光线在大气中的散射带来的。"

"什么?是由我带来的吗?"太阳

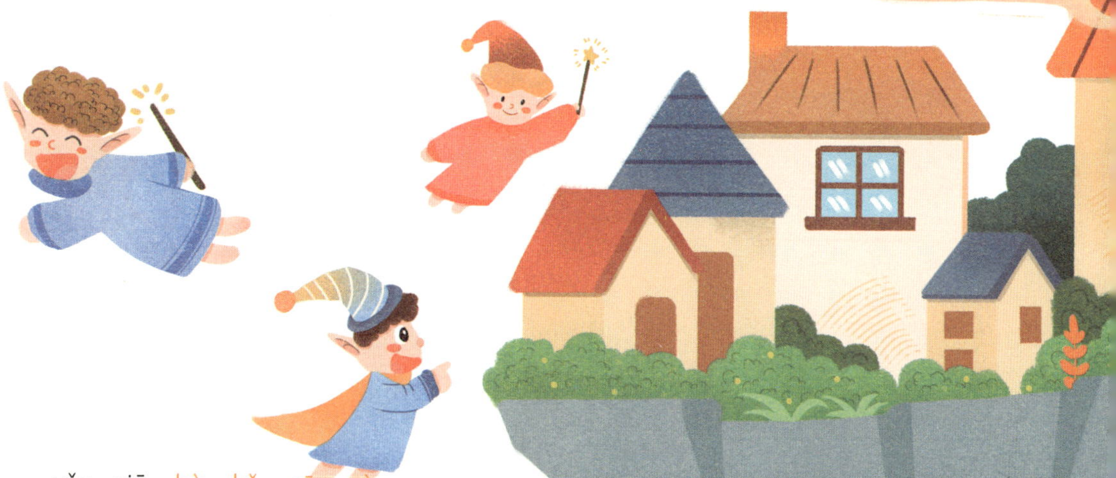

yǒu xiē bù kě sī yì
有些**不可思议**

de shuō
地说。

shì de nǐ de guāng xiàn jīng
“是的，你的光线经

guò dà qì céng shí huì bèi dà qì zhōng de wēi lì hé qì
过大气层时，会被大气中的微粒和气

tǐ sǎn shè kāi lái xíng chéng hóng chéng huáng lǜ
体散射开来，形成红、橙、黄、绿、

qīng lán zǐ qī zhǒng yán sè de guāng xiàn dāng nǐ luò
青、蓝、紫七种颜色的光线。当你落

xià de shí hou bō cháng gèng cháng de hóng chéng huáng
下的时候，波长更长的红、橙、黄

sè de guāng xiàn jiù huì chuān guò gèng cháng de lù jìng
色的光线就会穿过更长的路径，

jīng guò sǎn shè shǐ de zhào yào zài cǎi yún shàng de hóng
经过散射，使得照耀在彩云上的红、

chéng huáng sè de guāng xiàn gèng róng yì bèi kàn dào suǒ
橙、黄色的光线更容易被看到，所

yǐ wǎn xiá de yán sè duō shì hóng chéng huáng sè
以晚霞的颜色多是红、橙、黄色。”

太阳和彩云听得津津有味，更加好奇地问："那为什么晚霞的颜色有时候会变成紫色、粉红色呢？"

小精灵解释说："这是因为大气层中的微粒和气体的不同。特定的天气条件下，大气中的微粒和气体会散射不同颜色的光线。当太阳的光线穿过这些微粒和气体时，会发生更多的散射，导致呈现出紫色、粉红色等不同颜色。"

"原来是这样。"彩云点了点头。

"谢谢你们呀,小精灵。"太阳对小精灵们礼貌地说。

太阳和彩云得到答案后准备离开了,在离开前,他们决定在晚霞之城多创造些美丽的晚霞。于是,太阳用他的光线绘制出一道道明亮的红色和橙色光线,而彩云则用她柔软的身体将这些光线包裹起来,形成了一幅美丽的画卷。整个晚霞之城都沉浸在梦幻的霞光之中。

课本联通

天空飘着一片霞，

水上游来一群鸭。

霞是五彩霞，

鸭是麻花鸭。

　　　　　义务教育教科书语文二年级节选

科学进阶

　　晚霞的形成是由于空气对光线的散射作用。当太阳光射入大气层后，遇到大气分子和悬浮在大气中的微粒，就会发生散射。这些大气分子和微粒本身是不会发光的，但它们能散射太阳光，从而使每一个大气分子都形成了一个散射光源。

灵光乍现

　　朝霞和晚霞常常成为农民伯伯判断天气的依据，你知道它们和天气有什么关系吗？